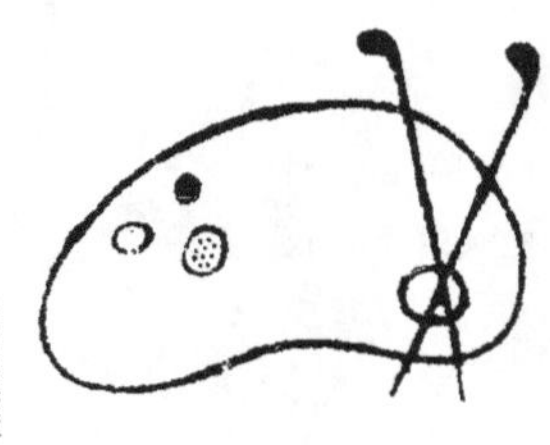

Début d'une série de documents
en couleur

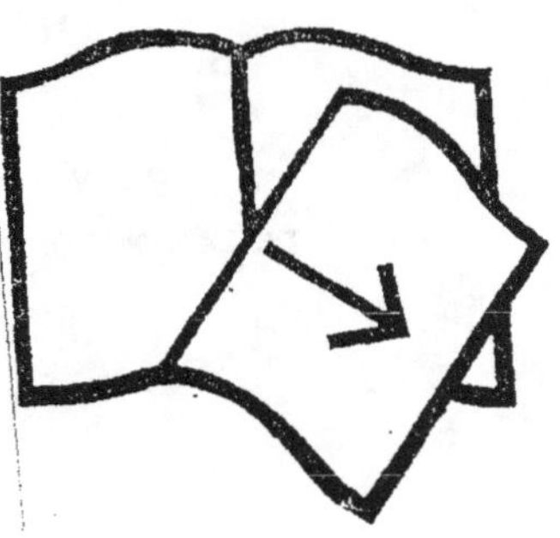

Couverture inférieure manquante

DISCOURS

PRONONCÉ

A L'ASSEMBLÉE GÉNÉRALE

DE LA SOCIÉTÉ DE L'HISTOIRE DE PARIS

ET DE L'ILE-DE-FRANCE

LE 11 MAI 1897

PAR

M. GUSTAVE FAGNIEZ

PRÉSIDENT

A PARIS

Chez H. CHAMPION

Libraire de la Société de l'Histoire de Paris

Quai Voltaire, 9

1897

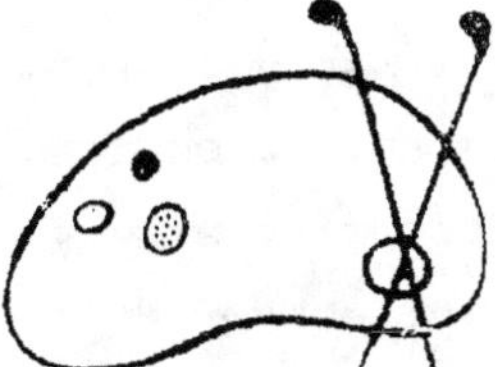

Fin d'une série de documents
en couleur

DISCOURS

PRONONCÉ

A L'ASSEMBLÉE GÉNÉRALE

DE LA SOCIÉTÉ DE L'HISTOIRE DE PARIS

ET DE L'ILE-DE-FRANCE

LE 11 MAI 1897

PAR

M. GUSTAVE FAGNIEZ

PRÉSIDENT.

A PARIS

Chez H. CHAMPION

Libraire de la Société de l'Histoire de Paris

Quai Voltaire, 9

1897

DISCOURS

PRONONCÉ

A L'ASSEMBLÉE GÉNÉRALE

DE LA SOCIÉTÉ DE L'HISTOIRE DE PARIS

ET DE L'ILE-DE-FRANCE

LE 11 MAI 1897.

« Messieurs,

« Quand une institution voit son existence assurée, quand elle envisage l'avenir avec confiance, quand à la sécurité vient s'ajouter pour elle une certaine fierté justifiée par ses œuvres et par l'estime dont elle jouit, elle prend plaisir à se reporter à son humble origine, à ses premiers progrès. C'est à ce sentiment que vous avez obéi en conférant, l'année dernière, au plus obscur de ceux qui ont pris part à votre fondation, l'honneur de vous présider. Vous avez voulu prouver par là qu'à vos yeux votre succès ne vous dispensait pas d'être modestes et que le simple mérite d'avoir été pour quelque chose dans votre naissance pouvait remplacer les titres qui ont désigné mes prédécesseurs à vos suffrages. C'est à la pensée qui les a dirigés cette fois sur moi que je crois répondre en venant témoigner de l'esprit dans lequel vous fûtes fondés, en rapprochant de cet esprit les fruits de votre vigoureuse et féconde jeunesse.

« Vos fondateurs s'étaient demandé pourquoi, alors que tant de villes de province sont le siège de sociétés d'histoire locale dont les publications occupent parfois un rang élevé dans la science, la capitale de notre pays, et quelle capitale! fut, pour ainsi dire, la seule qui n'en possédât pas. Ils avaient reconnu sans peine que cette lacune tenait précisément à la grandeur morale et matérielle de Paris, à son privilège de réunir les principaux organes de la vie nationale et notamment des corps savants qui représentent la France tout entière, à son aptitude à s'approprier, à condenser et à élever à une haute pression les éléments et les forces qui viennent se mêler dans son sein, au caractère hétérogène de sa population attirée de toutes les provinces ou, pour mieux dire, de tous les pays, altérant dans ce milieu son caractère primitif, son originalité de terroir, sans y acquérir un type nouveau, une nouvelle physionomie, flottant à sa surface, sans y jeter des racines, sans s'y sentir chez elle. Ils se demandèrent si Paris, tel surtout que le second Empire l'avait métamorphosé, n'était pas moins une ville qu'une agglomération de villes, distinctes par les habitudes et l'esprit, ville industrielle, ville d'affaires et de commerce, ville universitaire, ville des arts, etc. Les Parisiens pouvaient-ils s'intéresser à autre chose qu'aux affaires de la France ou à celles de leur quartier? Pouvaient-ils se considérer comme autre chose que comme des citoyens du monde, ou comme des habitants de la Madeleine ou du Marais? Avait-on chance d'obtenir leur attention en leur parlant de l'histoire d'une ville, dont beaucoup d'entre eux ne connaissaient bien que le centre de leurs occupations journalières, dont les différentes parties s'ignoraient les unes les autres, que chaque jour, pour ainsi dire, contribuait à rendre méconnaissable, où les étrangers, s'ajoutant aux provinciaux, venaient de plus en plus apporter et mêler leurs mœurs et leur langage?

« Ces considérations étaient certainement de nature à faire hésiter vos fondateurs, mais elles étaient de nature aussi à les encourager. Toutes les objections qui s'élevaient à leurs yeux contre leur projet pouvaient tout aussi bien se retourner en sa faveur. Assurément les Parisiens, — et vous savez tout ce qu'il y a d'artificiel dans cette dénomination ethnique et qu'il suffit, pour avoir le droit de la porter, d'habiter Paris, si apparent que soit chez ceux qui la portent le fonds provincial, si légère la couche superficielle dont la capitale l'a recouvert, — assurément les Parisiens ne se sentaient pas unis par le sentiment de solidarité et d'autonomie qui rapproche les habitants de Poitiers ou d'Avignon, assurément la vie nationale et cosmopolite dont Paris est le foyer est peu compatible avec l'amour du clocher qui fomente l'histoire locale et développe pour tous ses souvenirs un pieux attachement. Mais ce qui rendait leur tentative plus hasardeuse, était justement aussi ce qui la justifiait davantage, ce qui lui donnait à la fois plus d'utilité et plus de mérite et, d'un autre côté, la curiosité et la sympathie, que Paris éprouve pour toutes les entreprises intellectuelles, les autorisait à en espérer ces premiers encouragements qui permettent d'attendre le succès définitif. Si quelque chose

pouvait aider, dans une mesure modeste mais efficace, à créer cette
unité morale, compromise par la multiplicité et la diversité des intérêts et des origines, n'était-ce pas une société historique rapprochant
ces éléments disparates par un commun attrait pour le passé d'une
ville où ils se rencontraient et se touchaient sans se pénétrer ? Si les
métamorphoses de Paris, en troublant les habitudes de sa population,
en l'exposant à s'égarer dans les quartiers mêmes que ces habitudes
lui avaient rendus familiers, avaient contribué à son indifférence pour
ce passé dont les vestiges disparaissaient sous ses yeux, n'était-ce pas
une raison pour en recueillir les traditions, pour en conserver les
reliques, pour faire valoir les arguments qui pouvaient sauver ce qui
en restait ?

« Cette indifférence, d'ailleurs, que vos fondateurs ne pouvaient
s'empêcher de reconnaître et de déplorer, ils savaient qu'elle n'était
pas générale. Ils étaient trop équitables pour se figurer que tout était
à faire, ils n'étaient pas assez présomptueux pour méconnaître et
dédaigner les efforts faits, les résultats obtenus au profit de la cause qu'ils
avaient à cœur. Nous ne faisons pas allusion ici aux fondateurs et aux
maîtres de l'histoire de Paris, aux Germain Brice, aux Jacques Du
Breul, aux Sauval, aux Lebeuf, aux Félibien, aux Delamare, aux
Jaillot. Ceux-là, c'était pour eux les historiens classiques de Paris,
ceux sous les auspices desquels ils plaçaient leur initiative, et leur
regret, c'était précisément de voir qu'ils n'eussent pas laissé de pos-
térité. Je veux parler de quelque chose de moins concret que les
œuvres fondamentales qu'ils nous ont laissées, de quelque chose
d'épars, de flottant, de divers dans ses manifestations, de moins éclairé
qu'instinctif, mais de fort et de fécond aussi, je veux parler d'un sentiment, d'une passion, de la passion de Paris, du sentiment de son
prestige et aussi de son charme intime, passion qui s'exprimait et se
propageait sous mille formes différentes, par la littérature, par le
crayon, ╌ la lithographie, par le burin, qui unissait dans une séduction commune des poètes et des romanciers comme Victor Hugo et
Balzac, des artistes comme Gavarni, Eug. Lami et Henri Monnier,
des érudits comme Édouard Fournier, Victor Fournel et Privat
d'Anglemont, des collectionneurs comme Destailleur, œuvres et
hommes dont l'ensemble échappe, tant leur valeur et leur influence
ont été inégales, à une appréciation générale, dont on peut dire seulement, sans distinguer entre eux, qu'ils représentaient et populari-
saient le culte ardent de Paris. Ce culte, vos fondateurs le trouvaient,
au début de leur entreprise, affaibli sans doute par les transformations
qui avaient donné à Paris une face nouvelle, mais encore vivant.
Comment n'aurait-il pas été pour eux une force ? et comment auraient-
ils pu se passer de cette force ?

« Elle ne leur fit pas défaut. Ils en acquirent une autre en recrutant des adhérents autour d'eux, dans ce milieu de l'École des chartes et des Archives nationales, où le maniment quotidien et la critique constante des documents manuscrits leur préparaient des collaborateurs exercés; ils s'en ménagèrent une troisième en mettant leur création sous le patronage d'un savant dont l'approbation est universellement considérée comme la caution d'une saine et sûre érudition, M. Léopold Delisle.

« Telles sont les origines, telle est l'inspiration auxquelles notre Société est toujours restée fidèle. Qu'on consulte ses recueils, ses vingt-trois volumes de *Mémoires*, ses vingt-trois volumes de *Bulletins*, ses treize volumes de *Documents*, ses reproductions, en tête desquelles figure le plan le plus ancien de Paris, qu'on parcoure la liste de ceux qu'elle a appelés dans son conseil, dans ses commissions et dans son bureau, on reconnaîtra combien elle a su se soustraire à l'esprit de corps et d'école et l'impartiale hospitalité avec laquelle elle a accueilli toutes les collaborations, pourvu qu'elles ne fussent pas de nature à compromettre sa bonne réputation scientifique.

« C'est en continuant à pratiquer cet intelligent éclectisme, en élargissant son cadre jusqu'aux extrêmes limites du sujet multiple à l'étude duquel elle s'est consacrée, en donnant la préférence, pour la composition de ses volumes de mémoires, aux travaux peu étendus qui en assureront la variété, en écartant les documents dont la reproduction peut être avantageusement remplacée par des analyses, en rendant sensible, par une chronique périodique des événements actuels d'un intérêt élevé, le lien entre le Paris d'autrefois et le Paris d'aujourd'hui, en sauvegardant, chaque fois qu'elles sont menacées, les antiquités et la physionomie de la capitale, que notre Société confirmera et étendra son action, qu'elle attirera à elle tous les Parisiens, de naissance ou d'adoption, qui contribuent par leurs talents et leur situation à l'éclat de Paris dans le monde, mais qui lui doivent aussi, qui doivent au discernement avec lequel il sait distinguer le mérite et à la consécration qu'il lui confère, une partie de leur renommée et de leur succès. Ne devrait-on pas, en effet, lire sur nos listes les noms de tous ceux qui, dans les lettres, les sciences, les arts, les affaires, sont les vrais représentants de Paris? Si tous n'y figurent pas encore, n'est-ce pas un peu à sa modestie que notre Société doit s'en prendre, n'est-ce pas parce qu'elle hésite à s'imposer à l'attention de ces Parisiens, absorbés par leur activité professionnelle, oublieux de la dette qu'ils ont contractée envers Paris et dont ils ne peuvent mieux s'acquitter qu'au profit d'une association destinée à remettre son passé en lumière?

« Nous avons d'autant plus besoin de nous fortifier par la diffusion de ce sentiment de solidarité entre la vie de notre grande et chère cité et les existences individuelles qui en tirent un si puissant stimu-

lant, que la mort nous fait éprouver des pertes plus nombreuses et
plus sensibles. Elles n'ont pas, à la vérité, atteint des traditions qui
fondent leur autorité sur une methode dont la sévérité est exempte
de tout exclusivisme, de tout pédantisme. Comment pourtant ne pas
se sentir affaiblis par la disparition de confrères tels que ceux dont
j'ai à vous rappeler les titres et les liens intimes avec nous ?

« Il n'appartient pas au président de la Société de l'histoire de
Paris d'apprécier, dans son ensemble, l'œuvre scientifique de plusieurs d'entre eux, et il y aurait une sorte de présomption de notre
part à nous approprier des renommées dont l'éclat a rejailli sur
nous, mais qui ont été conquises dans d'autres domaines que le nôtre
et ont illustré plus directement d'autres compagnies. Dans lequel de
ces domaines, d'ailleurs, pourrait-on resserrer et quel corps savant
pourrait se vanter d'avoir possédé tout entier tel de ces confrères qui
s'est laissé entraîner par des aptitudes variées, par une diligence infa-
tigable à des emplois singulièrement différents de l'intelligence
humaine? Comment suivre, sans se lasser, par exemple, dans toutes
ses applications, l'esprit si souple, si ouvert et si alerte de notre regretté
confrère M. Eugène de Rozière? Si, s'autorisant de ses débuts, de
son enseignement à l'École des chartes et au Collège de France, de
ses principaux travaux, on cherchait dans l'étude historique du droit
l'unité de sa vie intellectuelle, on n'aurait raison qu'en apparence et
on risquerait de l'amoindrir. Si remarquables et si féconds qu'aient
été les services rendus par M. de Rozière à cette étude, où il a en
partie frayé la voie à une jeune école dont plusieurs représentants
sont parmi nous, c'est plutôt encore par l'influence qu'il a exercée,
dans l'intérêt de la science et des archives, au sein des assemblées
politiques et des innombrables commissions dont il a fait partie, que
je chercherais à le caractériser. A côté du savant qui poursuit solitai-
rement son œuvre et qui ne sort de son cabinet que pour aller chercher au dehors les matériaux dont il l'enrichit, il y a celui qui, se
sentant doué de l'entente de l'organisation et des affaires, d'une conception vive et d'une parole facile, est attiré par l'examen et la dis-
cussion des rapports de la politique et de l'administration avec la
science. M. de Rozière fut au premier rang de ceux-là. De toutes les
fonctions que ses dons reconnus à cet égard lui firent déférer, il n'en
est aucune où il ait déployé plus de compétence et d'autorité que
celles d'inspecteur général des archives. Il était la terreur des archivistes négligents et la providence des archivistes zélés et conscien-
cieux. On comprend que, dans une vie aussi remplie que celle de
notre éminent confrère, la Société de l'histoire de Paris n'ait pas
obtenu toute la place qu'elle aurait ambitionnée si elle n'avait tenu
compte que du prix qu'elle attachait à son concours, si elle avait eu

le droit d'être jalouse des compagnies plus anciennes qui l'avaient
devancée dans l'universelle sympathie de M. de Rozière pour toutes
les causes et les institutions scientifiques. Les exigences multiples de
sa carrière ne l'empêchèrent pas, toutefois, après lui avoir, dès le
début, apporté le poids de son nom, de lui donner plusieurs témoi-
gnages de son intérêt et de lui faire, en 1893, le grand honneur de la
présider.

« C'est aussi l'un de nos anciens présidents que nous avons perdu,
le 26 août 1896, dans la personne de M. le baron Jérôme Pichon.
Autant la vie de M. de Rozière s'est ouverte aux préoccupations con-
temporaines et prodiguée au profit des questions actuelles où la science
était engagée, autant M. le baron Pichon, dans cette résidence d'une
harmonieuse somptuosité que l'île Saint-Louis entourait de calme et
de silence, a voué la sienne au passé — *Memor fui dierum antiquo-
rum* était sa devise — et cherché pour elle une intimité ennoblie par
ses travaux, embellie par ses collections. S'il y eut au monde un Parisien épris des « verrues » et des rides du vieux Paris, dédaigneux de
la vulgarité emphatique qui l'envahit, ce fut bien le propriétaire de
l'hôtel Lauzun, le collectionneur émérite, l'éditeur du *Ménagier de
Paris*. Chez le baron Pichon, la passion du collectionneur se confon-
dait avec celle de l'érudit. Ces documents, auxquels la plupart d'entre
nous ne demandent que des informations historiques, il aspirait à les
posséder, à pouvoir les relire et les manier à son aise pour y trouver
ce qu'un premier examen ne livre pas toujours, il y aspirait surtout
quand ils consistaient dans une coupe d'or ciselée et émaillée,
aussi belle que mystérieuse, dans un livre relié par Le Gascon
ou Padeloup, dont les pages avaient fait rire, pleurer ou rêver
quelque possesseur illustre, dont la provenance était attestée par les
armes étincelant sur les plats, quand, en un mot, la séduction exté-
rieure venait s'ajouter à l'enseignement qui en découlait, au prestige
du temps. C'est que ce collectionneur, c'est que cet érudit était en
même temps un artiste, s'il suffit pour l'être de savoir discerner les
belles choses et de savoir en jouir. Chez le baron Pichon, la curiosité
ne dégénéra jamais en manie du bric-à-brac. Pas de disparate dans
ses collections, aucun intrus d'état civil douteux dans la noble com-
pagnie à laquelle il ouvrait son cabinet. Si, pour lui comme pour la
plupart de ses pareils, le plaisir de chercher et d'acquérir était encore
plus grand que celui de posséder, s'il céda à la faiblesse, commune à
presque tous, de se séparer de vieux amis pour s'entourer de figures
nouvelles — encore ceux qui l'ont personnellement connu pourraient-
ils nous dire qu'il y fut conduit non par l'inconstance et le caprice,
mais par les motifs les plus respectables — la patience et le flair du
collectionneur servirent et stimulèrent toujours avec lui le goût très

vif de l'histoire, soit qu'il la fît profiter lui-même de ses trésors, soit qu'il les communiquât libéralement à d'autres travailleurs comme lui. Dans les recherches de l'amateur et plus encore dans celles de l'érudit apparaît une prédilection marquée; c'est à la vie privée de nos ancêtres qu'elle s'attache. De là sa persévérante attention pour l'histoire *de la vénerie et de la cuisine, de là la publication de ce charmant et précieux Ménagier de Paris* qu'il a eu le mérite de découvrir, de mettre au jour et de commenter de la façon la plus heureuse. On remarque chez l'érudit autant de souci de l'exactitude et du détail, autant de répugnance pour la production facile que de goût chez le collectionneur pour l'achevé et l'exquis. Les scrupules du premier expliquent pourquoi ce que le baron Pichon a livré au public est loin de donner une idée complète de son activité scientifique. On n'y retrouve, *par exemple, que dans une faible mesure le fruit* du dépouillement prolongé des registres du Parlement, des études de notaires, des archives de la Cour des monnaies. Heureusement, les notes et les travaux manuscrits du baron Pichon ne seront pas dispersés comme ses collections, il les a légués, avec la mission d'en publier une partie, au collaborateur et à l'ami dont la jeunesse promettait à ses forces défaillantes, à son œuvre interrompue, un regain posthume de renommée et qu'il a institué son exécuteur testamentaire, M. Georges Vicaire. M. Georges Vicaire saura faire dans ces papiers, où *le présent* vient d'une façon inattendue se mêler au passé par de volumineux souvenirs autobiographiques, un choix éclairé, et la conscience scientifique de son ami, l'abondance de ses informations en ressortiront davantage. Comment l'homme que j'ai essayé de vous faire connaître ne nous eût-il pas, dès le début, appartenu? Aussi fut-il l'un des premiers à apporter aux jeunes fondateurs de notre Société l'appui de sa notoriété. Mais, vous le savez, il ne nous a pas seulement donné son nom; en assistant assidûment à nos séances, en se mêlant à nos discussions, en collaborant à nos publications, il n'a cessé de nous montrer la place qu'il nous faisait dans ses préférences. C'est cette sympathie effective que vous voulûtes reconnaître, non moins que le rang distingué et à part qu'il occupait dans l'érudition, en l'appelant, en 1878, à l'honneur, si vivement senti par lui, de vous présider.

« Bien qu'il se soit associé moins directement et d'une façon moins suivie à notre activité intérieure et publique, l'histoire de Paris n'en est pas moins représentée d'une façon importante dans l'œuvre, passionnée et dispersée, de Louis Courajod. N'est-ce pas, en effet, dans un des milieux les plus vivants et les plus attrayants, aujourd'hui comme autrefois, de la vie parisienne, dans un de ceux où se manifeste avec le plus d'éclat la maîtrise de notre capitale qu'il nous a introduits, quand, à propos du document en apparence le plus sec, le livre-journal de Lazare Duvaux, bijoutier du roi, il nous a donné une véritable histoire de la curiosité au xviiiᵉ siècle (1873) ? Par les études dont ce journal avait été pour lui l'occasion, par un long séjour au Cabinet des estampes qui fit passer et repasser sous ses yeux la plupart des monuments de l'art universel, Courajod se préparait, à son insu peut-être, à devenir l'historien de l'art français. Une autre publication, qui eut sur sa destinée une influence décisive, le fit entrer plus avant encore dans la voie qui le conduisait à cette tâche, si belle et si redoutable. C'était encore un journal, le journal où Alexandre Lenoir racontait la formation laborieuse de ce musée des Petits-Augustins où il recueillit tant d'épaves arrachées au génie iconoclaste de la Révolution et que la Restauration dispersa en voulant, par un scrupule intempestif, les restituer à leurs propriétaires primitifs. Sur cette question, si ardemment débattue, du vandalisme révolutionnaire, Courajod s'était rencontré avec le marquis de Laborde, qui venait de la traiter à propos des archives de l'ancienne France et des origines de notre grand dépôt de l'hôtel Soubise, et peut-être est-ce à cette rencontre qu'il faut en partie attribuer l'ascendant de ce sagace précurseur sur les vues et les travaux ultérieurs de notre regretté confrère. Mais ce sujet du musée des Petits-Augustins eut sur la carrière de ce dernier, je l'ai déjà fait entendre, une influence encore plus importante : elle fit naître chez lui la pensée et le dessein de réunir au Louvre, auquel il fut bientôt attaché, tous les objets du musée d'Alexandre Lenoir qui n'y étaient pas encore. Avec l'enthousiasme qu'il mettait à tout, il se voua à constituer dans notre musée des collections donnant une idée aussi complète que possible d'un art qui avait produit encore plus qu'on n'avait pu détruire, il fut conduit par là à appliquer à l'histoire de la sculpture la meilleure part de ses facultés et à se désigner comme l'homme le plus capable de la professer (1887). Son évolution scientifique arrivait, par sa nomination à l'École du Louvre, au terme que nous faisions prévoir tout à l'heure, et la mission qui lui était confiée le mettait en demeure d'arrêter, de coordonner ses idées, de les amener à ce caractère de précision, d'enchaînement et d'évidence dont l'enseignement, si peu dogmatique qu'il soit, ne saurait se passer. A part l'inquiétude qu'une pareille nécessité pouvait causer à un esprit hardi mais scrupuleux comme le sien, l'honneur mérité que Courajod venait d'obtenir achevait de faire l'unité dans sa vie intellectuelle et semblait de nature à donner la sérénité à son esprit. Il y avait entre ses devoirs professionnels et sa vocation cette harmonie qui a manqué à tant de carrières. Le département, dont il avait la garde et qu'il était toujours jaloux d'enrichir, lui fournissait en partie les matériaux et les preuves de ses leçons. Il n'était pas assez retenu par ses fonctions pour ne pas pouvoir entreprendre de fréquents voyages, d'où il rapportait des acquisitions pour notre musée et pour ces leçons des notions et des vues sur l'art comparé de l'Occident, en même temps que de nombreuses photographies, dont l'ensemble a une valeur historique considérable et dont la possession est assurée à l'École du Louvre. Restaient, comme je l'ai dit, pour le troubler, les perspectives riantes, mais bien vastes, du domaine qu'il avait à explorer, où il apercevait beaucoup de voies amorcées, mais peu qui aboutissent à des régions centrales et dominantes, où il ne rencontrait pas l'une de ces œuvres d'ensemble qui orientent singulièrement la marche, alors même qu'on les bat en brèche. Mais ces difficultés n'étaient pas capables de le décourager, car, pour cet esprit pénétrant, synthétique, guidé d'ailleurs par une foule d'observations éparses, les solutions pressenties, les clartés entrevues, les enivrements de la découverte, les ardeurs de la lutte étaient une source inépuisable d'entrain et de force. Il n'appartient qu'à ses élèves de dire à quels résultats l'avaient déjà fait arriver sa science toujours accrue, son sens artistique de plus en plus exercé, quelles parties de la *terra incognita* qu'il a parcourues sont sorties, grâce à lui, du demi-jour et du faux jour, quelles *doctrines générales*, propres à diriger ses successeurs et ses émules, ont été par lui ébauchées ou fondées. Celles de ses leçons qui ont été livrées au public sont trop peu nombreuses pour qu'on puisse en tirer les grandes lignes de la synthèse vers laquelle il s'acheminait. Si l'on interroge ceux qui ont recueilli de sa bouche un enseignement où l'expression outrait parfois la pensée, mais dont la flamme a laissé chez eux une impression profonde, cet enseignement semble avoir été inspiré par deux thèses principales : l'une, que l'art roman, au lieu d'être sorti presque entièrement de l'art romain abâtardi, a dû beaucoup plus qu'on ne croit au génie germanique et au génie oriental et que cette double influence se manifeste surtout avec évidence dans l'ornementation architecturale et dans la construction et le style de la charpente ; l'autre, beaucoup moins neuve dans son principe et qui procède de la même conception générale, c'est que l'*académisme*, le *classicisme* ultramontain a appauvri et refroidi la sève indigène et originale, dont l'expression la plus remarquable se trouve dans l'école flamande et dans l'école bourguignonne... Mais je me laisse aller au plaisir de faire apparaître, dans l'œuvre fragmentaire de notre regretté confrère, les conclusions qui en faisaient pressentir l'unité, j'obéis à l'amère satisfaction de dire ce que l'histoire de l'art national a perdu en lui, j'oublie que je parle au nom de la Société de l'histoire de Paris et de l'Ile-de-France et que mon rôle doit se borner à vous indiquer ce que l'éditeur du journal de Duvaux et du journal d'Alex. Lenoir a fait pour cette histoire et ce qu'elle pouvait encore attendre de lui.

« Comme la mort égalise tous les hommes, la Société de l'histoire

de Paris rapproche et confond dans les mêmes regrets tous les
membres qu'elle a perdus; oubliant, pour un instant, les différences
que leur situation sociale, l'éclat ou la notoriété de leurs noms, leur
intimité plus ou moins grande avec nous établissent entre eux, c'est
au hasard de l'ordre alphabétique que j'énumérerai ceux à la mémoire
desquels nous devons encore un pieux souvenir : MM. Louis Benoist,
Émile Boeswilwald, Robert de Crèvecœur, Joseph Gautier, François
Henrotte, Alfred Piat, Auguste Prost, Paul de Rémusat, Ferdinand
Riant, Tandeau de Marsac. Mais j'ai maintenant le devoir de dégager
la personnalité de chacun et ses titres particuliers à la renommée et
à notre reconnaissance.

« MM. Paul de Rémusat, Auguste Prost, Émile Boeswilwald,
Ferdinand Riant, Tandeau de Marsac, Joseph Gautier, appartenaient
à la Société depuis sa fondation.

« M. Paul de Rémusat, sénateur de la Haute-Garonne, portait avec
distinction un nom que la philosophie, les lettres et la politique
avaient également illustré, et, dans la première liste de nos souscripteurs où ce nom figure deux fois, une fois pour le père et une fois
pour le fils, il n'en est aucun dont elle eut plus le droit de s'enor-
gueillir. Pénétré de la plus vive et de la plus légitime admiration
pour son père, l'aimant encore dans sa grand'mère dont il lui reflé-
tait l'image, Paul de Rémusat considérait comme son plus grand
mérite personnel d'avoir fait connaître celle-ci pour l'un des témoins
les plus sincères et les plus pénétrants de l'époque impériale et d'avoir
porté encore plus haut, par la mise en lumière de la correspondance
et des drames paternels, l'idée qu'on se faisait de celui dont l'héritage
lui paraissait si glorieux qu'il comptait pour rien ce qu'il y avait
ajouté.

« Messin d'origine, M. Auguste Prost avait été naturalisé Parisien
par la circonstance la plus touchante et la plus honorable, je veux dire
par nos malheurs. Il n'avait pu se séparer de la petite patrie que
pour rester dans la grande. Mais la première, parce qu'elle était la
plus malheureuse, parce qu'elle avait éveillé en lui le goût de l'érudition et lui en avait appris la discipline, avait gardé la prédilection
de son cœur et de son esprit. C'est encore à elle qu'il a songé en
léguant 1,200 fr. de rente à l'Institut, pour récompenser chaque année
un ouvrage composé par un Français sur l'histoire de Metz et des
pays voisins, et 100,000 fr. à la Société des Antiquaires de France
pour la publication annuelle de *Mettensia*, dont les éléments se trou-
veront parmi les volumineux travaux manuscrits sur l'histoire de
Metz, qu'il a aussi légués à la Bibliothèque nationale.

« M. Émile Boeswilwald appartenait à cette école d'architectes res-
taurateurs qui est sortie de la renaissance historique et archéolo-

gique à laquelle la monarchie de Juillet a dû en partie son éclat et,
dans cette école, il n'y avait pas, après celui de Viollet-le-Duc, un
nom d'une notoriété plus étendue et mieux justifiée que le sien.

« La plus noble partie de la vie de M. Ferdinand Riant se dérobe
à nous, car les œuvres de charité et d'édification qui l'ont si hono-
rablement remplie répudient toute publicité et ne veulent avoir que
Dieu pour témoin. Il ne me reste donc qu'à vous le montrer au conseil municipal, où son quartier l'envoyait avec une fidélité justifiée
par les services rendus, assidu aux séances, mais souvent éloigné de
la tribune par sa modestie, étudiant les questions administratives et
particulièrement les questions d'octrois avec zèle et compétence,
s'intéressant aussi vivement à l'histoire de Paris qu'à ses besoins
présents, ayant conquis, par la sûreté de ses relations et la fer-
meté de ses convictions, le respect et la sympathie de tous ses
collègues.

« M. Tandeau de Marsac, notaire à Paris, était, comme on peut
en juger par le catalogue de la première partie de sa bibliothèque
que le marteau du commissaire-priseur vient de disperser, un biblio-
phile éclairé.

« M. Joseph Gautier fut, pendant plus de trente ans, caissier à la
Banque de France. Quand il s'était acquitté de ses devoirs professionnels, il allait jouir, dans sa retraite de Versailles, de l'intéressante
bibliothèque et de la belle collection d'estampes qu'il s'était complu
à former. Ces intelligentes distractions se rencontrent souvent, vous
le savez, au sein des occupations les plus arides, et notre Société en
offre beaucoup d'exemples.

« M. François Henrotte était notre confrère depuis 1875. Il diri-
geait une maison de banque. Si les affaires l'empêchaient trop souvent de se mêler à nous, elles lui avaient permis d'acquérir une ins-
truction étendue. On m'a raconté que, dans un voyage en Italie, qui
précéda de bien peu sa mort, il étonnait les gens les plus compétents
du pays par les commentaires dont les monuments et les musées
étaient pour lui l'occasion.

« M. Robert Saint-John de Crèvecœur, mort au mois de mai de
l'année dernière, était entré dans notre Société en 1886. C'était l'ar-
rière-petit-fils d'un agronome célèbre, Saint-John de Crèvecœur,
consul de France à New-York, auteur des *Lettres d'un cultivateur
américain* (1784) et d'un *Voyage en Pensylvanie* (1801), mort en 1813.
Il débuta au Conseil d'État, mais n'y resta pas assez longtemps pour
dépasser le rang d'auditeur. Il avait hâte sans doute de conquérir
toute sa liberté pour la consacrer aux recherches historiques. Il lais-
sera une trace durable dans les études qui nous ont chères par la
biographie de son bisaïeul (*Saint-John de Crèvecœur, sa vie et ses*

ouvrages. Paris, Jouaust, 1883, in-8°), par son édition des *Mémoires
sur le règne de Louis XV et de Louis XVI et sur la Révolution* de
Durfort de Cheverny, introducteur des ambassadeurs (2 vol. in-8°.
Plon, 1886), par une piquante biographie de Montbrun-sous-Carrière et des recherches sur Louis Hesselin, amateur parisien, intendant des plaisirs du roi, dont les lecteurs de nos *Mémoires* (1890
et 1895) gardent un égal souvenir, par une étude sur la succession
du maréchal d'Ancre, par une notice sur l'histoire de Lésigny, par
son édition du *Journal d'Adrien Duquesnoy, député du Tiers état de
Bar-le-Duc, sur l'Assemblée constituante* (2 vol. in-8°, 1894).

« M. Louis Benoist avait commencé par être notaire à Lizy-sur-
Ourcq. Puis la confiance de ses concitoyens l'avait tiré de cette étude
de chef-lieu de canton pour faire de lui un conseiller général et un
sénateur. L'estime dont il jouissait s'était accrue avec sa fortune. La
vie politique ne l'avait pas, d'ailleurs, rendu infidèle aux lettres, dont
il avait puisé le goût dans d'excellentes études classiques. Au sein du
conseil dont il était devenu président, il se fit toujours l'avocat des
archives départementales et, de 1886, époque où il s'est joint à nous,
jusqu'en 1890, il a publié sur les communes de son arrondissement
et de son canton de consciencieuses monographies.

« M. Alfred Piat, ancien notaire, n'était entré dans nos rangs
qu'en 1895. C'était un lettré. Il a laissé une très importante collection de livres modernes, illustrés de dessins originaux.

« Voilà bien des deuils, Messieurs, et cependant je n'ai pas fini.
La catastrophe, qui a laissé dans nos âmes une stupeur et une angoisse
inexprimables, n'a pas épargné notre Société. Le docteur Henri Feulard y a péri. Chef de clinique à l'hôpital Saint-Louis, ayant acquis
déjà un rang distingué parmi nos dermatologistes et pouvant espérer
le plus brillant avenir, le docteur Feulard ne se laissait pas entièrement absorber par ses occupations professionnelles, il éprouvait en
même temps un vif intérêt pour l'histoire de l'art médical, de ses
écoles et de ses établissements. Après avoir consacré sa thèse à l'histoire de l'hôpital Saint-Louis (1885), il y avait créé une bibliothèque
historique et une collection d'estampes et était en train de réunir sur
son passé un volumineux recueil de documents. Nous avons profité
nous-mêmes, et nous aurions sans doute profité davantage encore,
de son intelligente curiosité : il nous a entretenus, dans l'une de nos
séances, de l'ancienne École de médecine de la rue de la Bûcherie, et
il a donné à notre *Bulletin* une note bibliographique sur les origines
de la Maternité.

« On peut dire que le tragique événement de la rue Jean-Goujon
a aussi coûté la vie indirectement à un sociétaire, dont le nom aurait
pris place en tête de la liste funèbre qui vient de se dérouler devant

vous, si la nouvelle de sa mort ne nous était parvenue presque à la
veille de notre assemblée. La carrière de M. le duc d'Aumale, carrière si glorieusement remplie, bien qu'il n'ait pas dépendu de lui de
l'appliquer d'une façon constante à des emplois encore mieux appro-
priés à sa naissance et à son mérite, déborderait le cadre de ce dis-
cours, si je pouvais avoir la pensée de l'y faire entrer. Je ne pourrais
apprécier ici le fils de France, le soldat, l'écrivain militaire, l'historien, l'érudit, l'amateur, sans écrire autant de pages de l'histoire du
siècle qui va finir. Tant d'épreuves publiques et privées, les nobles
distractions et les beaux travaux auxquels il en avait demandé la con-
solation, la généreuse dispensation d'un grand patrimoine, la fidélité
au passé excluant toute amertume pour le présent, l'union dans un
même amour de la France que ses ancêtres avaient faite et de celle
que son père avait servie, la grandeur de sa race qu'il savait faire
descendre, sans la laisser oublier, à tous les niveaux, tout cela avait
fait entrer Henri d'Orléans dans une sphère presque inaccessible aux
passions politiques, tout cela avait fait de lui un type unique, mélange
indéfinissable et séduisant de prince du sang, de gentilhomme, de
patricien et de troupier. N'est-ce pas l'impression qu'ont laissée à
ceux qui ont eu l'honneur et le plaisir d'être reçus par lui dans la
demeure des Condés, ses traits d'un caractère bourbonien sensible-
ment adouci, ses yeux bleus où brillait une douceur martiale, sa
haute taille légèrement voûtée qu'il appuyait sur une canne, sa con-
versation, scandée d'une voix mâle, soit qu'il commentât pour ses
hôtes les merveilles de ses galeries, soit que, remontant, à sa table,
le cours de son passé, il s'arrêtât pour faire revivre un épisode de ses
campagnes ou la figure d'un compagnon d'armes?

« En fermant le long nécrologe où notre Société inscrit ceux qui,
d'une façon brillante ou modeste, ont secondé son œuvre, j'éprouve
un double sentiment que vous partagerez sans doute avec moi :
d'abord, ai-je besoin de le dire? un sentiment de tristesse, mais aussi
une légitime fierté pour la distinction de ceux que nous avons attirés
à nous et dont la mort seule a pu nous séparer. Une entreprise qui
a recueilli de pareilles sympathies est une entreprise utile, une entreprise opportune et dont l'avenir est assuré. A ceux qui essayeraient
d'ébranler ma confiance en me signalant les symptômes de l'indifférence croissante pour les choses de l'esprit, du goût, de plus en plus
répandu, pour les lectures faciles ou même pour des plaisirs où la
littérature n'a rien à voir, j'opposerais la multiplicité, presque exces-
sive, des associations et des recueils comme les nôtres, des publications historiques les plus graves, des cours et des conférences. Que
conclure de ces deux observations, également fondées, sinon que,
dans le public qui lit ces recueils et ces publications, qui soutient

ces sociétés, qui suit ces cours, il y a beaucoup moins de gens du
monde qu'il y en aurait eu autrefois et beaucoup plus de savants et
de *professionnels ?* C'est à diminuer le refroidissement de ce qu'on
appelle le *grand public* pour la littérature sérieuse, à augmenter le
nombre de ceux qui lisent d'une façon, si je puis dire, désintéressée,
c'est-à-dire sans chercher dans les livres des matériaux pour leurs
travaux personnels, de ces lecteurs qui ne se piquent pas de science
et qui sont souvent fort instruits, que des sociétés comme la nôtre
doivent, sans rien sacrifier de leur méthode rigoureuse, travailler.
Tâche impossible, dira-t-on, parce qu'il est au-dessus des forces d'une
simple association de savants et d'amateurs éclairés de remonter le
courant qui éloigne une société positive et affairée de la curiosité et
de l'intelligence du passé et de faire revivre une classe, dont les loi-
sirs, la sécurité, les lumières avaient fait le juge le plus délicat, l'ar-
bitre le plus autorisé des productions de l'esprit. Que de choses à
dire, si c'était ici le lieu, à l'encontre de cette opinion, aussi superficielle qu'elle est spécieuse et décourageante ! La réponse la plus
courte, comme la meilleure, n'est-elle pas de renvoyer ces hommes
de peu de foi à la liste de nos souscripteurs qui, en leur montrant
des banquiers, des officiers ministériels, des commerçants mêlés à de
purs érudits, leur prouvera que la tâche qu'ils déclarent irréalisable
est en train de s'accomplir ?

« L'une de vos attributions par lesquelles vous convaincrez le
mieux le public de votre utilité est de réclamer la protection de la
population parisienne et des pouvoirs qui la représentent, pour les
monuments menacés par l'abandon ou la destruction. Peu s'en faut
que nous n'accusions tout à l'heure le public de frivolité. Il faut
reconnaître pourtant que, grâce au goût plus répandu de l'archéologie,
il est plus attentif qu'autrefois au sort de nos antiquités nationales
et que les autorités, à leur tour, éprouvent à leur égard beaucoup
plus de scrupules. Nous avons lieu d'espérer que l'issue définitive
de la campagne engagée en faveur de Saint-Pierre de Montmartre
et où votre initiative, coïncidant avec celle de la Société des amis des
monuments parisiens, a été singulièrement fortifiée par l'intervention
de l'Institut et de la section d'archéologie du Comité des travaux
historiques, justifiera ce que nous venons de dire de l'appui plus cha-
leureux que des intérêts de ce genre peuvent espérer aujourd'hui de
l'opinion et de l'administration.

« Mission bien honorable que celle qui vous incombe de ce chef,
mais semée aussi de bien des mécomptes ! C'est que, si le présent vit
du passé, il est amené trop souvent, pour vivre, pour satisfaire des
besoins légitimes, à invoquer la nécessité de le faire disparaître. Trop
souvent aussi ces prétendues nécessités cachent l'outrecuidance d'un
architecte qui aspire à faire table rase pour procurer à son génie

tout son essor ou les intérêts d'un spéculateur. L'idée de faire grand, l'adoption par le goût public d'un type unique de beauté dans l'architecture urbaine, type où dominent la symétrie, la perspective, le décor et l'effet, à l'exclusion de la variété, de l'élégance et de la grâce, vous réserve encore bien des alarmes, vous prépare encore bien des luttes. Rien ne peut mieux justifier vos craintes et votre vigilance que l'annonce des projets dits d'embellissement qui se rattachent à *cette exposition universelle qui doit préluder au xx* siècle et dont je n'apprécierai pas ici l'opportunité ni le principe, parce que je parle en votre nom et que je dois m'interdire l'expression de sentiments personnels qui ne seraient peut-être pas ceux de tous mes auditeurs.

« Ce n'est pas d'ailleurs de notre époque que date, vous le savez, cet engouement pour la géométrie appliquée à la construction et à la décoration des villes qui a causé tant de ruines et, s'il fallait en chercher l'origine, il faudrait remonter sans doute à la Renaissance et mettre en cause cet esprit classique, dont Taine a fait ressortir l'influence, heureuse et néfaste, dans notre histoire. Je ne crois pas que l'idéal qui en est sorti se soit jamais, avant notre siècle, imposé aussi impérieusement que sous Henri IV aux travaux publics. De tous nos souverains, si amis de la truelle, ce prince fut peut-être celui qui se complut davantage aux bâtiments et qui s'y appliqua le plus. Il a laissé la réputation d'un roi serré, c'est ordonné qu'il faut dire, car, très simple pour lui-même, mais ayant le vif sentiment de la grandeur nationale, il n'épargna jamais pour la sûreté, pour la prospérité ni pour l'éclat de son royaume. De tant de preuves de son intelligente libéralité, je ne veux retenir ici que la multiplicité des travaux d'utilité et de luxe qui, on peut le dire sans exagération, changèrent la face de la France. La plupart des routes pavées ou empierrées, des ponts nouveaux construits et les anciens rétablis, le Clain, la Vesle, la Vienne, le Cher, l'Eure, l'Ourcq, l'Oise rendus navigables, une ligne de navigation intérieure entre la Méditerranée, l'Océan, la Manche et la mer du Nord, conçue, commencée et tracée pour l'avenir, vingt-huit places frontières fortifiées, tout cela dit assez qu'on se trouve ici en présence non plus de travaux somptuaires destinés, comme ceux des Valois, à créer ou à embellir des résidences royales, mais d'un plan d'un intérêt général et économique inspiré par la pensée d'assurer la circulation des marchandises, de rapprocher les diverses parties du territoire et d'y attirer le transit des marchandises étrangères. La réfection et la création de ce grand réseau de voies de communication par terre et par eau révèle toute sa portée et acquiert toute sa grandeur quand on le rapproche de l'impulsion donnée à l'industrie et au commerce qui fait de Henri IV, soixante-dix ans avant Colbert, le fondateur de l'industrie d'État en même temps que le protecteur de toutes les initiatives privées. Aux œuvres dont l'honneur lui revient personnellement, il faut ajouter les constructions élevées, à son exemple, par les villes et les particuliers de toutes les classes. « Et, à son imitation, » nous dit un contemporain, « grand nombre de ses sujets de toutes qualités firent bâtir en plu- « sieurs provinces, de sorte que, de son temps, il s'est fait plus de « bastimens que du règne d'aucun de ses prédécesseurs... »

« Paris, — j'ai hâte de vous y faire revenir après le coup d'œil que je viens de jeter avec vous sur le royaume, — Paris, comme sous le second Empire, servit de modèle à l'émulation d'embellissement qui s'empara des chefs-lieux, plus ou moins importants, de la vie provinciale, empressés à faire disparaître les traces de la guerre civile, encouragés par la reprise des affaires et la diffusion de l'aisance. Je n'ai pas à vous apprendre quelle large part le roi fit à sa capitale dans sa pré- dilection pour les bâtiments; le Louvre, les Tuileries, l'Arsenal, la place Royale, l'hôpital Saint-Louis, la place Dauphine, le Pont-Neuf, etc., sont déjà sur vos lèvres. Henri IV aima Paris plus que ne l'avaient fait les Valois, ses prédécesseurs, plus que ne le feront ses successeurs, les derniers Bourbons, dont le plus grand n'y mit les pieds que quatre fois en quinze ans. Il ne lui garda pas rancune de lui avoir fermé ses portes, il ne redouta pas les ferments ligueurs qui continuèrent à y couver et dont il devait être victime. Ses habitudes voyageuses l'y ramenaient toujours avec plaisir, et c'est au Louvre et à l'Arsenal plus encore qu'à Fontainebleau qu'il faut se le représen- ter pour le voir dans son vrai cadre. Il fit plus que l'embellir, il essaya de l'assainir et de lui donner de la régularité. On aperçoit bien ce qu'il voulait en faire, quel genre de beauté il aspirait à lui donner quand on lit son édit de décembre 1607 sur la voirie pari- sienne. C'est, malgré son caractère administratif, un document bien pittoresque et bien suggestif que cet édit. Il évoque le Paris du temps, avec ses voies étroites, fangeuses et sans trottoirs, surplombées d'ou- vrages en encorbellement, de jardins suspendus, obscurcies par les auvents et les enseignes, encore rétrécies par les degrés, les montoirs, les jambes-étrières, les contre-fenêtres, encombrées par les marchan- dises et les matériaux, bordées de façades fuyantes ou ventrues, souillées par les ordures ménagères qu'on jette des maisons, enlai- dies par les défroques et les *drapeaux* qui se balancent aux fenêtres, et ce même édit, par la façon dont il pose le principe de l'alignement et révèle l'aspiration vers les rues larges, fait pressentir de loin le Paris de notre temps. La recherche de la régularité, de la symétrie et de l'effet apparaît aussi dans le plan de la place Dauphine, dans celui de la place Royale, mais il y a une autre conception de cette époque où elle se manifeste d'une façon plus remarquable encore,

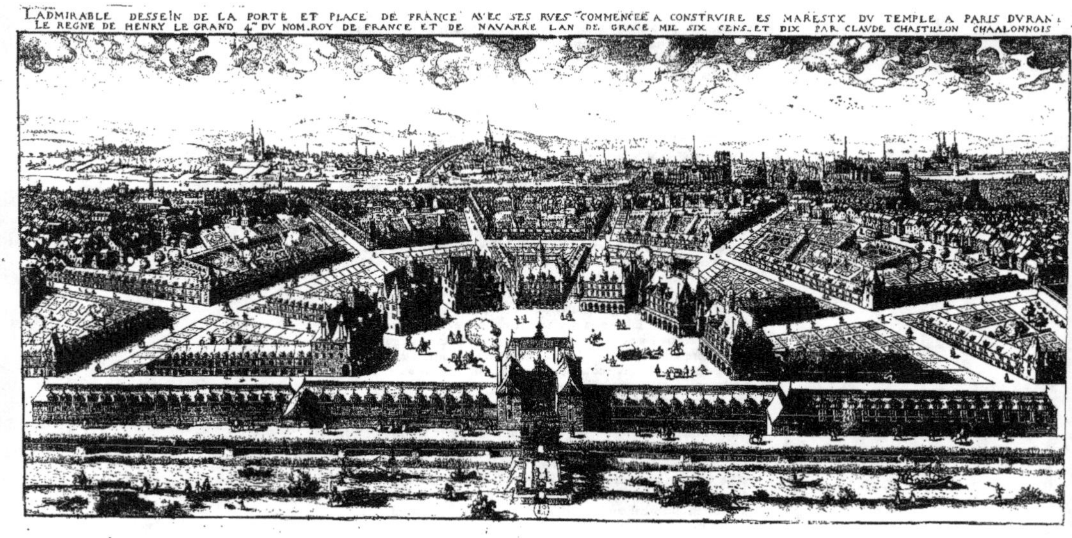

L'ADMIRABLE DESSEIN DE LA PORTE ET PLACE DE FRANCE AVEC SES RVES COMMENCEE A CONSTRVIRE ES MARESTX DV TEMPLE A PARIS DVRAN
LE REGNE DE HENRY LE GRAND 4.me DV NOM.ROY DE FRANCE ET DE NAVARRE L'AN DE GRACE MIL SIX CENS ET DIX PAR CLAVDE CHASTILLON CHAALONNOIS

c'est le projet grandiose de la *Porte* et de la *Place de France*. Ce projet est bien connu, et il est à peine nécessaire de vous en rappeler l'économie.

« Entre la porte du Temple et la porte Saint-Antoine, le long de l'enceinte, s'étendaient des *coutures* qui appartenaient au grand prieuré de France. En jetant les yeux, pour y créer un quartier, sur ces terrains solitaires et riants, Henri IV obéissait à la tendance qui, au rebours de ce qui se passe aujourd'hui, poussait la ville vers l'est et que personne ne favorisa plus que lui. Ce fut vers 1603 que le lotissement du terrain ,et le plan architectural des constructions se dessinèrent dans son esprit. Il commit la direction de l'entreprise à Sully, qui allait réunir la charge de voyer de Paris à celle de grand voyer de France, mais il fit faire, sous ses yeux, par ses ingénieurs Aleaume et Chastillon, le tracé du nouveau quartier. Le marché en fut passé avec un groupe d'entrepreneurs représenté par un sieur Carel et le roi, impatient, comme il l'était toujours, de voir aboutir ses desseins, y fit insérer des délais de rigueur. Le plan que ces entrepreneurs avaient à exécuter était le suivant :

« A quarante toises derrière un moulin qu'on appelait le *moulin de l'Ardoise* et qui se trouvait sur le rempart, au bout de l'égout de la rue Vieille-du-Temple, à distance à peu près égale entre la porte du Temple et la porte Saint-Antoine, s'ouvrait la nouvelle porte appelée *Porte de France*. Un pont, comportant une chaussée pour les voitures et les cavaliers et des contre-allées pour les piétons, traversait le fossé que l'on devait rendre navigable et assurait les communications entre le dehors et le dedans de la ville. Il était précédé d'une voûte creusée sous le rempart. Un remblai de dix pieds environ mettait le sol intérieur au niveau du sol extérieur et assurait l'écoulement des égouts et des eaux dans le fossé. La porte était d'ordre composite. Quand on l'avait franchie, on arrivait, quinze toises plus loin, à une autre porte qui formait l'entrée principale de la *Place de France*. Elle était flanquée de deux bâtiments en retour qui accompagnaient un gros pavillon double donnant sur cette place. Ce pavillon, qui mesurait hors œuvre seize toises en longueur et dix en largeur, était le point central de l'ensemble architectonique. Quand on y était, on apercevait toutes les rues qui rayonnaient sur la place. Pour dissimuler le disparate résultant du contraste entre la courbe du rempart et la régularité du plan architectural, on devait bâtir, à droite et à gauche de ce pavillon central, un grand corps de logis qui masquerait l'enceinte, et l'on profitait du terrain compris entre elle et ces corps de logis pour créer des halles, des marchés et tous les établissements nécessaires aux besoins de la nombreuse population qu'on espérait attirer. Du centre à la périphérie de l'hémicycle, la place de France devait avoir quarante toises, ce qui lui donnait

un diamètre de quatre-vingts. Huit rues, de six toises de large cha-
cune, rayonnaient sur cet hémicycle. A leur débouché s'élevaient,
sur la place, sept doubles pavillons pareils au pavillon central, de
treize toises de façade, s'alignant sur deux rues et affectant par con-
séquent la forme d'un trapèze. Ils étaient, comme le premier, uni-
formément composés d'un rez-de-chaussée en galerie avec arcades,
de trois étages et d'un attique percé de trois lucarnes, dont celle du
centre avait plus d'importance que les deux autres. Ils étaient sur-
montés d'un dôme octogonal et flanqués, aux angles qui donnaient
sur la place, de tourelles en encorbellement prenant naissance au
premier étage. Ces tourelles, comme les pavillons et les dômes, étaient
couvertes en ardoise. Le premier étage était en pierre de taille et les
autres, suivant le goût du temps, mariaient la pierre de taille et la
brique. Toutes les maisons bordant les rues avaient la même hauteur,
la même architecture et étaient construites de matériaux semblables.
A quarante toises de leur débouché sur la place, elles étaient cou-
pées par d'autres plus petites formant un hémicycle concentrique au
premier. A chaque coin des carrefours résultant de l'intersection des
unes et des autres s'élevait un pavillon uniforme flanqué de trois
tourelles. Les grandes rues, les rues rayonnantes recevaient les noms
des provinces les plus importantes du royaume, Normandie, Cham-
pagne, Picardie, Bretagne, Guyenne, etc. Aux petites rues, aux rues
concentriques et *traversières* on donnait le nom des provinces secon-
daires, Touraine, Anjou, Maine, Aunis, Limousin, Périgord.

« L'entreprise dont je viens de vous communiquer le plan ne fut
pas entamée avec la diligence que l'impatience de Henri IV semblait
faire prévoir. Ce ne fut qu'en 1608 que le grand prieuré aliéna une
partie du terrain nécessaire, vingt-cinq arpents probablement. L'année suivante, des marchés francs furent ouverts et des rues commen-
cées ; on essayait donc, avant même que le quartier fût bâti, d'y attirer la population par certaines faveurs. La mort de Henri IV, ouvrant,
dans notre histoire, un interrègne qui ne se termina que par l'avène-
ment de Richelieu, en 1624, suspendit l'exécution de ce grand travail,
comme elle interrompit tant d'autres choses. Tout pourtant n'en est
pas évanoui, il en reste, vous le savez, la seule chose que tant d'œuvres
qui ont sur celle-ci l'avantage d'avoir été menées à terme laissent
après elles : des mots, des noms. En 1626, l'accroissement de la population aux Marais du Temple rendait opportune ce qu'on appellerait
de nos jours une grande opération de voirie ; on se rappela un projet
dont les traces étaient encore visibles sur le sol, on en laissa de côté
le caractère organique et grandiose, on n'en retint que l'idée de donner aux rues qui furent ouvertes dans ce quartier les noms de nos
provinces, et ces noms, encore respectés par l'édilité parisienne, en
demeurent le seul souvenir.

« De ce projet, je n'ai nullement prétendu, est-il besoin de le répéter ? vous révéler l'existence ni même la conception générale. J'ai même voulu moins encore vous en faire connaître le détail, bien qu'il puisse être nouveau pour une partie d'entre vous, que vous signaler l'une des applications les plus caractérisées de ce type d'architecture et de décoration urbaines dont je vous parlais tout à l'heure, type dont il ne faut pas contester la légitimité ni la beauté, mais dont l'écueil est la monotonie et l'emphase, et contre lequel vous avez le droit et le devoir de défendre les coins intimes et savoureux que Paris nous garde encore. Vigilance à les faire respecter, curiosité passionnée à les décrire, à les faire connaître et aimer, voilà les deux missions que vous avez à remplir et dont je vous ai vus si pénétrés pendant une présidence qui m'a fait assister de plus près encore à votre vie intérieure. Personne ne vous guidera avec plus d'autorité dans leur accomplissement que le successeur que vous m'avez donné. Si les fonctions les plus élevées et les plus délicates de l'administration l'ont trop tôt et trop longtemps enlevé à la science, elles lui ont laissé une expérience des affaires qui profitera aux vôtres, tout en les dépassant, et elles n'ont pas émoussé le fil de son goût et de son tact littéraires. C'est à lui, c'est au directeur des Archives que je confie notre Société, après l'avoir vue franchir sans encombre sa vingt-quatrième année, accroître ses titres et mûrir, à l'approche de sa grande majorité, les qualités de tenue et de réserve dont elle a fait preuve dès son jeune âge. »

(Extrait du *Bulletin de la Société de l'Histoire de Paris et de l'Ile-de-France*, année 1897.)

Nogent-le-Rotrou, imprimerie DAUPELEY-GOUVERNEUR.